A Is for America
Letter Tracing

Published in the United States by:
Ulysses Press
P.O. Box 3440
Berkeley, CA 94703
www.ulyssespress.com

ISBN13: 978-1-61243-665-4
Library of Congress Control Number: 2016957522

Printed in Canada by Marquis Book Printing
10 9 8 7 6 5 4 3 2 1

Acquisitions editor: Casie Vogel
Managing editor: Claire Chun
Editor: Caety Klingman
Proofreader: Renee Rutledge
Cover and interior design: whatldesign @ whatweb.com

Distributed by Publishers Group West

IMPORTANT NOTE TO READERS: All celebrities that appear in illustrations in this book are used here for informational purposes only. No sponsorship or endorsement of this book by celebrities mentioned or pictured within is claimed or suggested.

A Is for America
Letter Tracing

50 States of Fun ABC Practice

 Ulysses Press

A is for Abraham Lincoln

STATE FACT

Illinois is known as the
Land of Lincoln after 16th
President Abraham Lincoln.

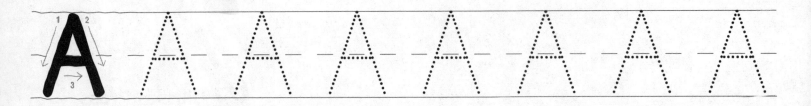

a is for alligator

STATE FACT

The alligator is the state reptile of Louisiana.

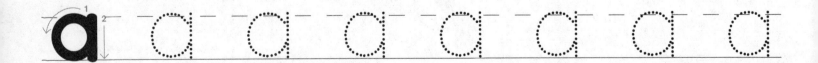

a a a a a a a a

a a a a a a a a

B is for Blue Hen

B B B B B B B B

B B B B B B B B

B B B B B B B B

b is for badger

STATE FACT

Wisconsin's state mammal
is the badger.

b b b b b b b b

b b b b b b b b

C is for Cowboy

C C C C C C C C C

c is for corn

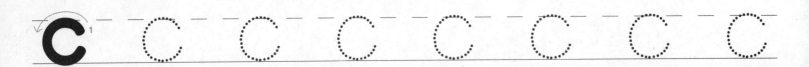

C C C C C C C C

C C C C C C C C

D is for Dr. Seuss

STATE FACT

Dr. Seuss was born in
Springfield, Massachusetts.

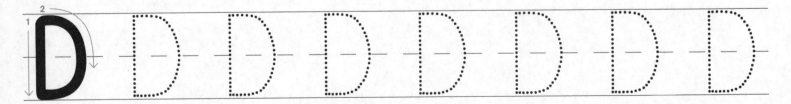

D D D D D D D D

D D D D D D D D

d is for dinosaur

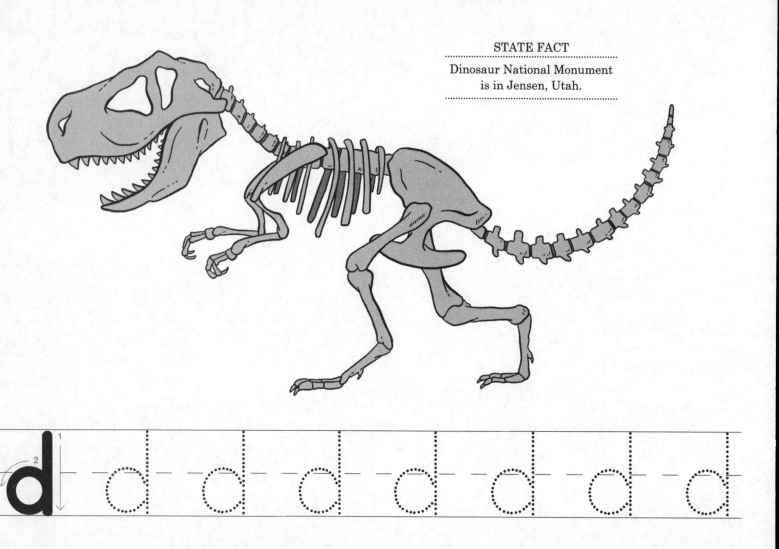

d d d d d d d d d

d d d d d d d d

d d d d d d d d

E is for Eagle

STATE FACT

The bald eagle is the national symbol of the United States of America.

E E E E E E E E

E E E E E E E E

e is for elk

STATE FACT

Montana's Glacier
National Park is home
to huge herds of elk.

e e e e e e e e

e e e e e e e e

F is for Flight

STATE FACT
The Wright brothers' first flight was in Kitty Hawk, North Carolina.

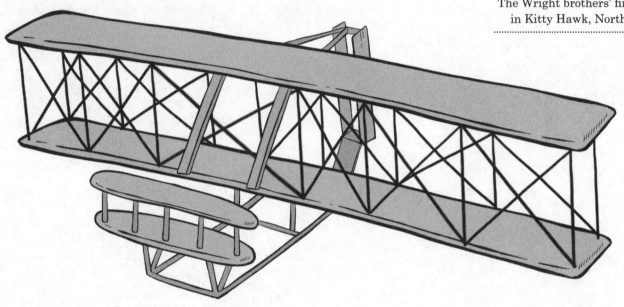

2 →
1
3 →

F F F F F F F F

F F F F F F F F

F F F F F F F F

f is for fiddle

STATE FACT

West Virginia bluegrass
music uses the fiddle.

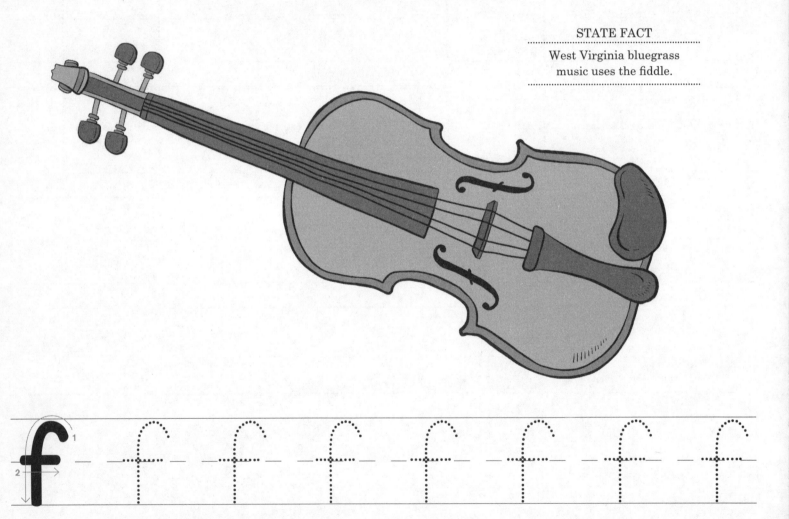

f f f f f f f f

f f f f f f f f

G is for Grand Canyon

G G G G G G G G

G G G G G G G G

G G G G G G G G

g is for geyser

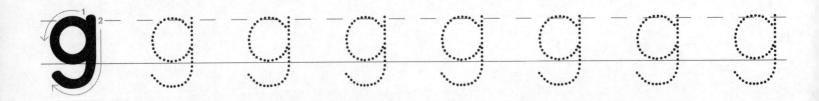

g g g g g g g g

g g g g g g g g

H is for Horse

STATE FACT

Horses race each year in
the Kentucky Derby.

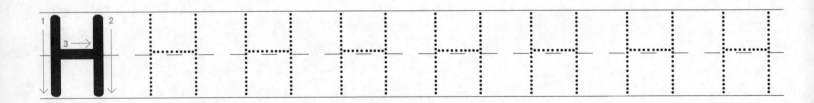

H H H H H H H H H H

H H H H H H H H H H

h is for headdress

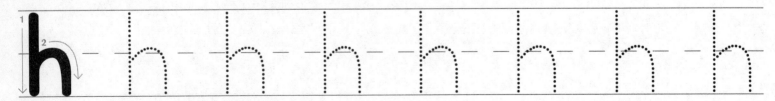

h h h h h h h h

h h h h h h h h

I is for Igloo

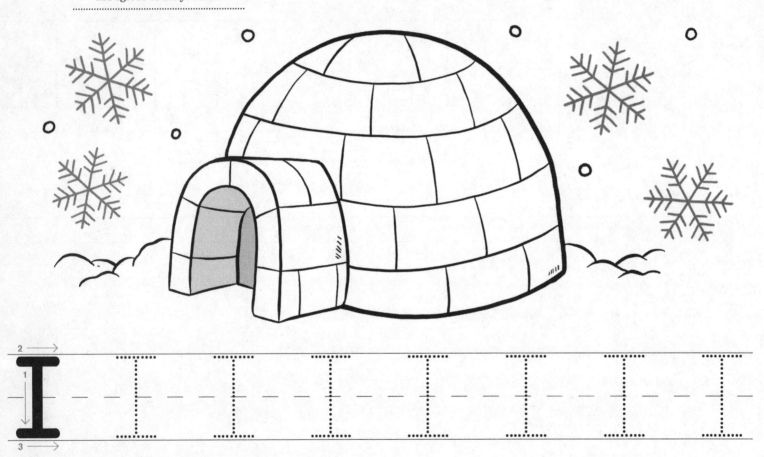

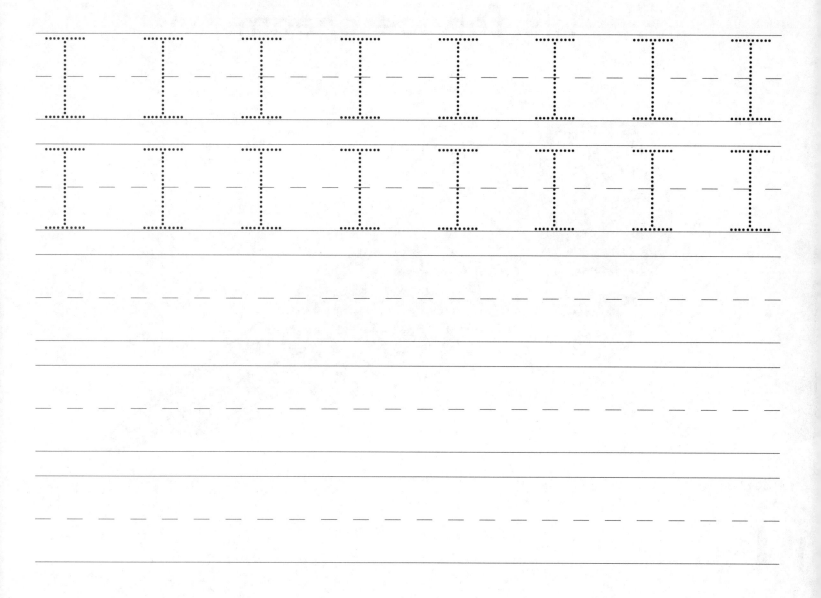

i is for ice cream

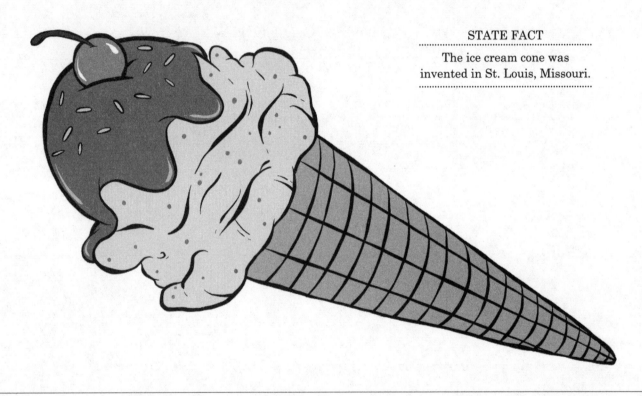

J is for Jazz

STATE FACT

The birthplace of jazz is
New Orleans, Louisiana.

J J J J J J J J

J J J J J J J J

j is for jousting

STATE FACT

Jousting is the state
sport of Maryland.

j

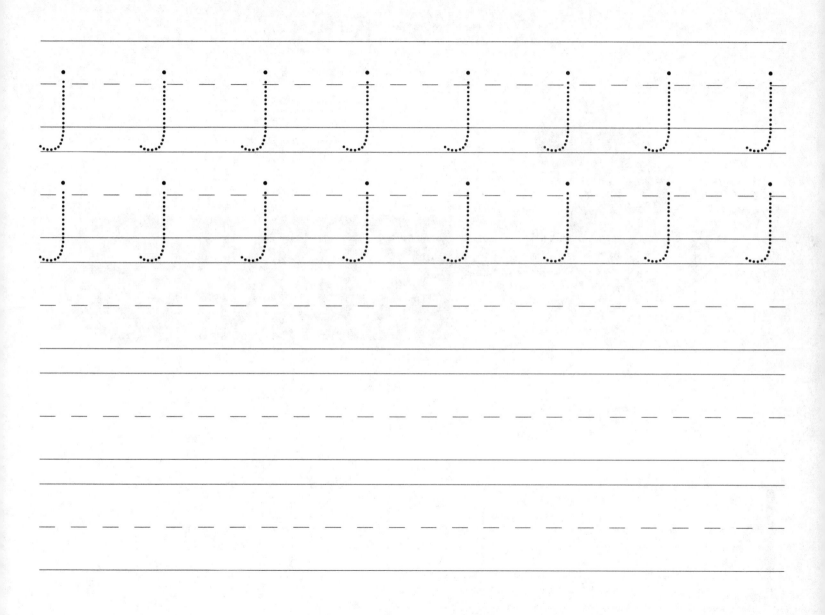

K is for King

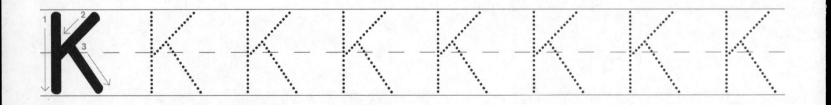

K K K K K K K K K

K K K K K K K K K

k is for kazoo

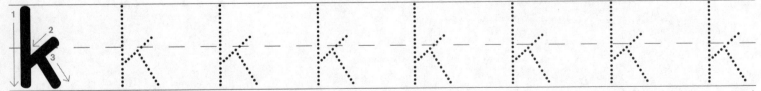

k k k k k k k k

k k k k k k k k

L is for Liberty Bell

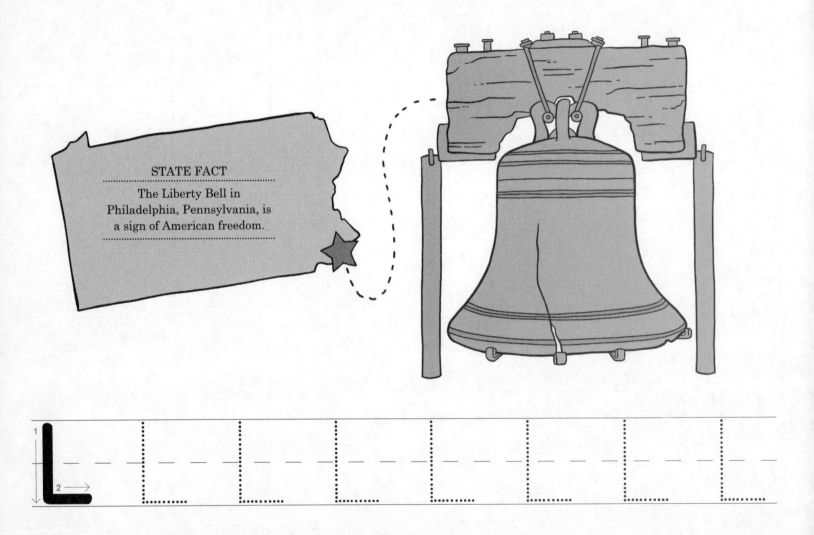

STATE FACT

The Liberty Bell in Philadelphia, Pennsylvania, is a sign of American freedom.

l is for lobster

STATE FACT

The top state for lobster fishing in America is Maine.

M is for Manatee

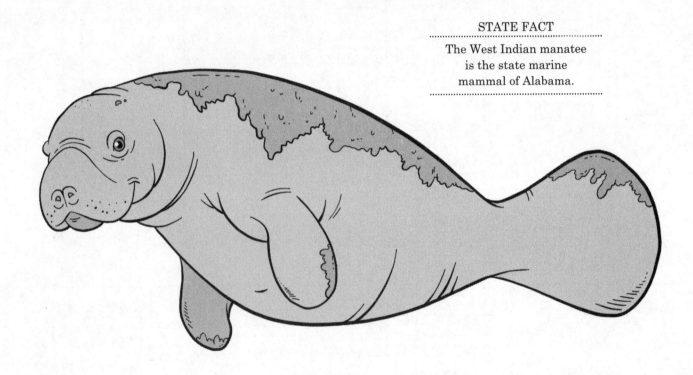

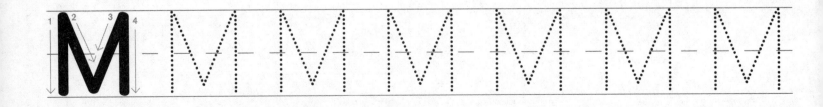

M M M M M M M M M

M M M M M M M M M

m is for maple syrup

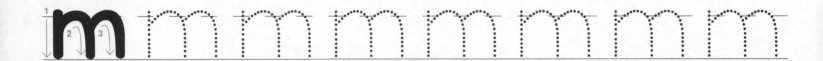

m m m m m m m m m m

m m m m m m m m m m

N is for Nugget

STATE FACT

Nevada has mines full of silver nuggets.

n is for newt

STATE FACT

The New Hampshire state amphibian is the red-spotted newt.

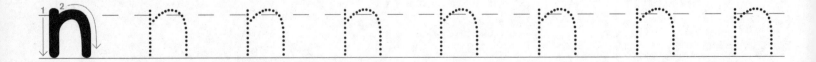

n n n n n n n n

n n n n n n n n

O is for Orange

O O O O O O O O

O O O O O O O O

o is for orca

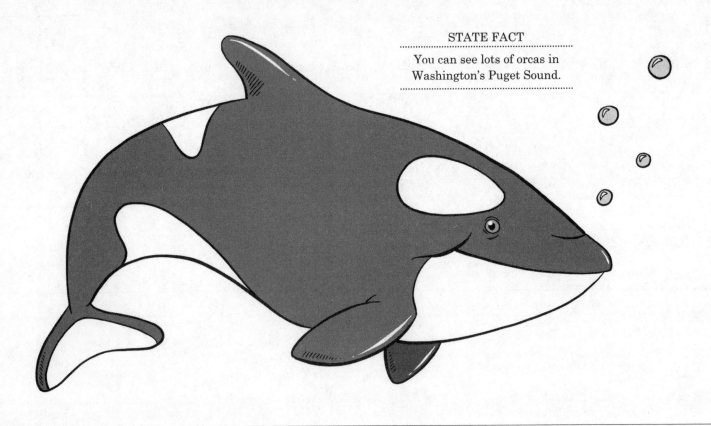

STATE FACT

You can see lots of orcas in Washington's Puget Sound.

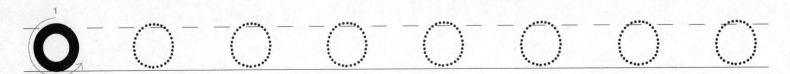

O O O O O O O O

O O O O O O O O

P is for Presidents

P P P P P P P P P

P P P P P P P P P

p is for potato

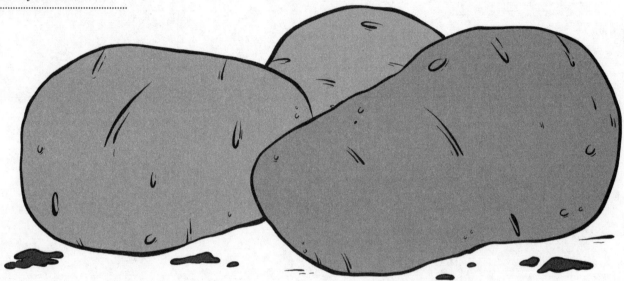

p p p p p p p p

p p p p p p p p

p p p p p p p p

Q is for Quarterback

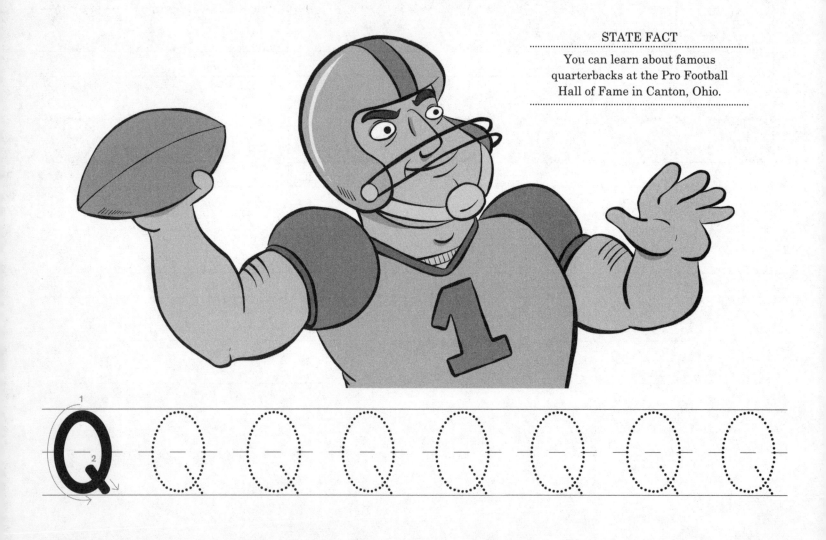

Q Q Q Q Q Q Q Q

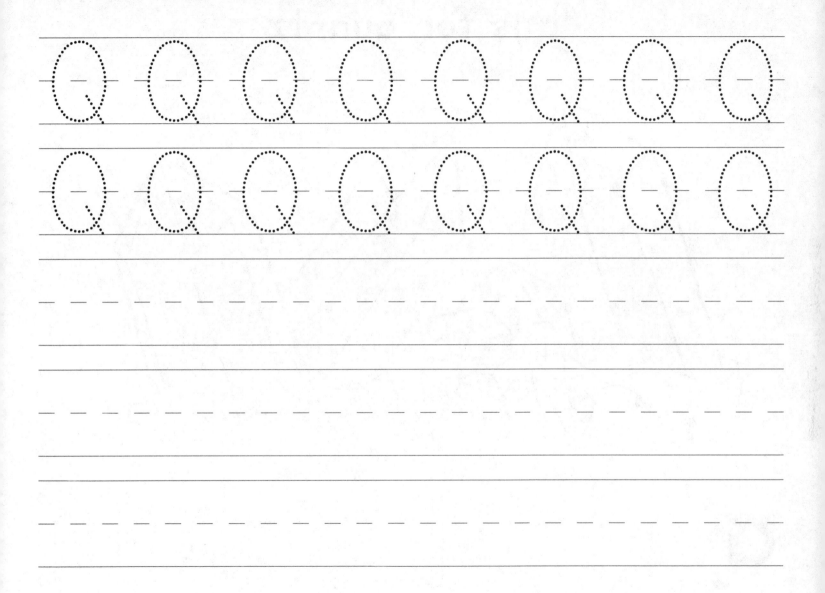

q is for quartz

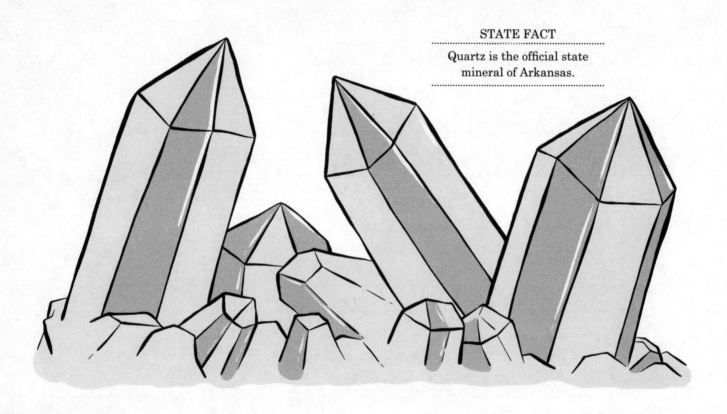

q q q q q q q q

q q q q q q q q

R is for Race car

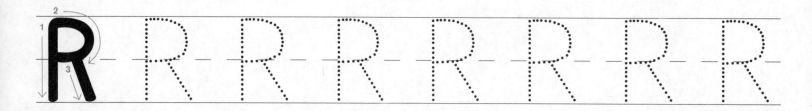

R R R R R R R R R

R R R R R R R R

r is for rodeo

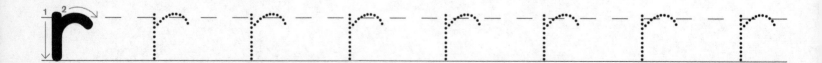

r r r r r r r r

r r r r r r r r

S is for Statue of Liberty

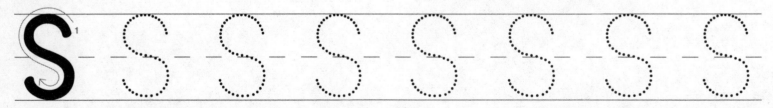

S S S S S S S S

S S S S S S S S

s is for skiing

s s s s s s s s

s s s s s s s s

T is for Turtle

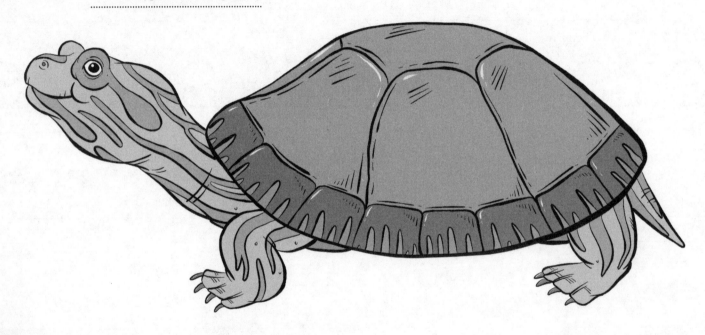

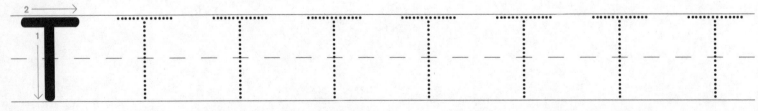

t is for teepee

STATE FACT

Many Plains Indians in North Dakota lived in teepees.

U is for United States

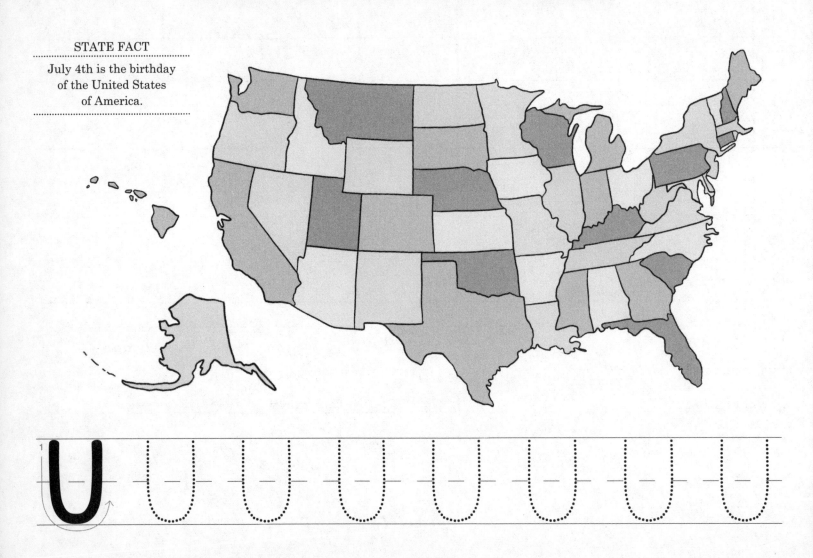

U U U U U U U U

U U U U U U U U

U U U U U U U U

u is for underground

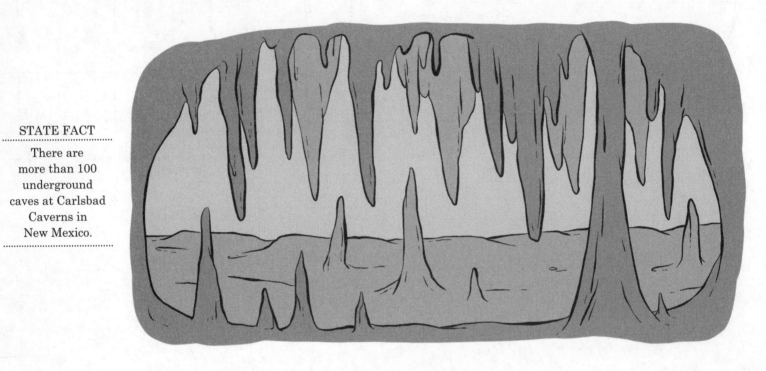

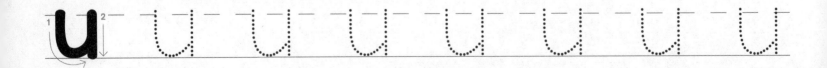

U U U U U U U U

U U U U U U U U

V is for Volcano

STATE FACT

Hawaii has five
active volcanoes.

v is for violet

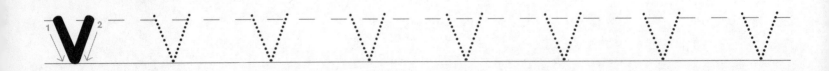

V V V V V V V V

V V V V V V V V

W is for Washington

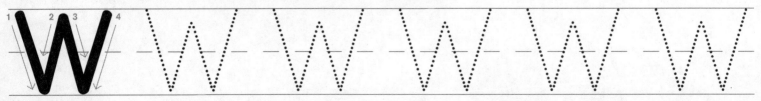

w is for wagon train

W W W W W W W W

W W W W W W W W

X is for Xyris

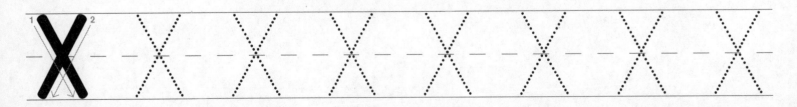

x is for xylophone

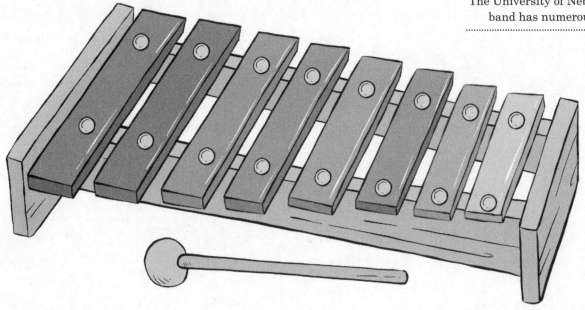

 X X X X X X X X

Y is for Yankee Doodle

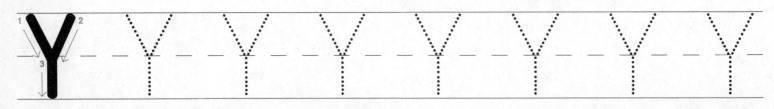

y is for yacht

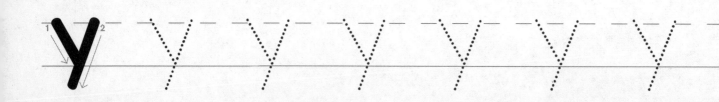

y Y Y Y Y Y Y Y

Z is for Zamboni

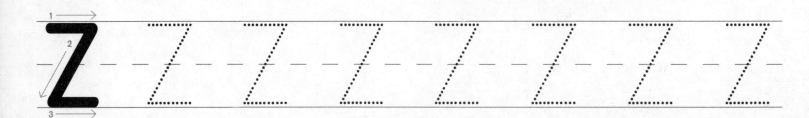

z is for zoo

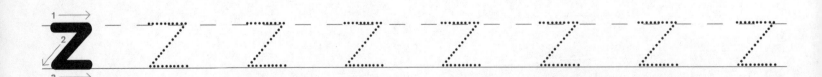

About the Illustrator

Aja Mulford has illustrated several projects with Ulysses, including *Jake and Miller's Big Adventure* and the Doodle Postcard series: *My Trip to the Beach, My Family Vacation, My Trip to the Big City* and *My Trip to Paris*. She lives in Northern California with her husband and son. Visit her at www.ajamulford.com.